LA GUARIDA DEL ÁNGEL

Celia Camarero

COLECCIÓN ITES

LA GUARIDA DEL ÁNGEL

© Celia Camarero Julián
© Prólogo: Mercedes Marcos Sánchez
© de esta edición: Olé Libros, 2025

ISBN: 979-13-87620-77-6
Depósito legal: V-2959-2025
Impreso en España

KALOSINI, S. L.
Grupo editorial
equipo@olelibros.com
www.olelibros.com

A mi madre, María de los Ángeles.
A quienes nos ofrecen refugio y nos inspiran.

TRAS LA HUELLA
DE UN ÁNGEL

Prólogo para un libro de Celia Camarero

Aunque pocas veces se hace mención a ello, escribir un prólogo juega con sus propias reglas, sus limitaciones y sus peligros. Uno de estos peligros es el de convertir en extenso lo que por definición y tradición debe considerarse como género breve. Y, como se sabe, todo género breve procede por eliminación. Ya lo decía Juan Ramón Jiménez en una máxima que aún hoy suele repetirse como un mantra: «Arte es eliminar lo que sobra». Hasta los placeres gastronómicos nos han hecho paladear, saborear, gustar las preparaciones hechas mediante la técnica culinaria de la «reducción». A fuego lento, el vino más dulce y aromático se espesa y reduce su volumen a la mitad y ofrece al paladar su esencia. Así es el arte de las formas breves; así será, por lo tanto, este prólogo, que tal vez no sea prólogo, sino aproximación asombrada y estremecida a *La guarida del ángel*. Tal vez un intento de construir un umbral desde el que otear lo esencial de la poeta Celia Camarero y su obra.

Repasando la biobibliografía de Celia Camarero me doy cuenta de que desde hace unos veinte años nuestra colaboración en los diversos actos poéticos que se han sucedido en Salamanca, ciudad pródiga en ellos, ha sido coincidente. Recuerdo especialmente dos del año 2009 en los que Celia recibió dos premios importantes: uno local, el Premio Flor del Almendro del Ayuntamiento de La Fregeneda (Salamanca) por su trabajo *La sombra inexistente* y otro regional, el XV Premio Internacional Gerardo Diego de poesía para noveles por su obra *El círculo y la herida*, publicada por la Diputación de Soria. Tuve el gusto de hacer la presentación de este libro en el Aula Magna de la Facultad de Filología de la Universidad de Salamanca, lo que me dio la oportunidad de conocer no solo a una poeta extraordinaria, sino a una persona extraordinaria, de enorme fecundidad poética e intelectual. Una persona verdaderamente estimulante, no solo por su imaginación poética, por su entusiasmo creador, por su espíritu crítico, sino también, por qué no decirlo, por su personalidad poliédrica. Celia Camarero es una de esas personas que han nacido con el don de entregarse sin medida a la belleza, ya sea la de la palabra, la de la música, la del pensamiento o la de cada uno de los más pequeños detalles de la vida, que ella observa, como podrá constatar el lector de *La guarida del ángel*, con mucho amor. Desde aquel 2009 no ha variado mi opinión sobre Celia Camarero y sobre su poesía, tanto la que aparece dispersa en múltiples revistas y antologías, como la que ha circulado con entidad de libro, físico o digital: *Sima de pájaros*, en *Ibi Oculus* (revista digital de Ediciones Encuentro, 2011), *Oscilación armónica y penumbra* (2018), *Una mujer de carne* (2022) y *Un caudal de música* (en la revista *Crear en Salamanca*, 2024). Con motivo de la publicación de esta última obra, Celia Camarero fue entrevistada por *Crear en Salamanca* [www.crearensalamanca.com]. La respuesta a la primera de las preguntas nos dejó una idea muy clara de lo que es para ella el oficio de poeta:

1. ¿De qué forma defines tú a un poeta? ¿O qué significa ser poeta para ti?

Mi experiencia de poeta es mirar el mundo con ojos asombra-
dos, relacionales. Mirar el mundo con amor, llenarse de ese
amor y escribirlo con belleza, con la mayor belleza posible,
pero escribirlo porque no te queda más remedio. Es algo que
no se busca y que se lleva a cuestas como una condena y como
un don a la vez. Es una gracia muy dura, pero muy hermo-
sa [https://www.crearensalamanca.com/entrevista-celia-
camarero-aprendi-a-ser-poeta-para-dar-bien-las-gracias/].

La guarida del ángel que ahora nos ofrece la poeta no hace
sino explicitar cada uno de estos rasgos y abundar en su idio-
sincrásica filosofía de la creación poética. Para Celia, como
acabamos de leer, ser poeta es:

—Mirar el mundo con ojos asombrados: En línea con
una de las corrientes poéticas más vigorosas del momento,
Celia Camarero se sitúa ante el mundo y ante la palabra de
un modo contemplativo, es decir, dispuesta a observar, a es-
cuchar, a tocar, a gustar, con toda la atención de la que se sea
capaz, con toda la quietud de la que se sea capaz, pero con
todo el sentimiento y todo el asombro —lo que equivale a
decir que en todo poema el mundo se hace nuevo— de que
se sea capaz. Y, lo que es importante, no solo con quietud
y atención, sino con silencio, porque hay que prescindir del
ruido para oír la voz del mundo, porque hay que callar para
que hable el poema. Así, el poema que abre el libro, oportu-
namente titulado «Punto de partida», dice:

Contemplar en silencio
    —atento a cada mínimo suceso—
una brizna que crece sin que oigamos
su infinito rumor,
el verde que rutila hasta que agosta.
Empezar por ahí.

En esta óptica, el poeta tiene como tarea escuchar para cantar, recibir para ofrecer, interpretar la armonía del mundo. Así se lo dice la Celia pianista y profesora de piano a uno de sus alumnos en el poema «A un joven pianista»:

Cualquier actividad de los oídos,
o de los ojos, lo es del corazón.
Cualquier trabajo hecho con las manos
es como amasar pan.
Tu arte es tan humilde como atento,
consiste solo en escuchar. Después,
dinos lo que has oído
con vocación de arroyo en primavera. [Las cursivas son mías].

—Mirar el mundo con amor, llenarse de ese amor y escribirlo con belleza: El amor ha desempeñado un papel importante en la poesía de Celia Camarero desde sus inicios. Porque la poesía y la vida van de la mano y los seres humanos estamos hechos para sentir el amor, el desamor y todo lo dulce y lo amargo que traen aparejados los afectos. Pero el amor que palpita en *La guarida del ángel* es un amor distinto. Es un amor que palpita y se le descubre a la poeta en todas las cosas, especialmente en los elementos de la naturaleza que se incorporan a sus poemas casi humanizados, fuente y motivo de un lenguaje poético sencillo pero auténtico. *La guarida del ángel* es, sobre todo, un libro de amor a la poesía y a la belleza. El poema titulado «Me niego a la cordura» deja entrever que el camino de la entrega a la creación poética no ha sido un camino fácil ni llano, sino una lucha en la que ha sucumbido en muchas batallas. Tras la lucha, un amanecer epifánico en el reconocimiento de uno de los poderes de la poesía, el de poner al descubierto el hilo con que se tejen los vínculos de todo lo creado. Y, al mismo tiempo, ponernos a nosotros mismos al descubierto, obligarnos a ser y a decir la verdad desnuda:

> Habito en el pudor de la estameña
> desde que me venció la poesía,
> su humilde ministerio: descalzar
> los signos del amor en cada cosa.
> ....
> Testigo soy, tan solo, del milagro
> de cada amanecer, de su esperanza.
> Y afirmo, sin rubor, esta verdad:
> los poemas no existen, se proponen
> como una religión, son la materia
> de la libertad misma, de su larga
> conquista en la intrahistoria que nos une.
> La poesía es cosa del aliento;
> nos desnuda y, alguna vez, nos muestra
> la guarida del ángel.

La guarida, es decir, el lugar donde se guarece y oculta el ángel. ¿Qué ángel? El que una vez sintió volar la poeta sobre sí: «Sentí el vuelo de un ángel. No sé más» (Un amor otro), el que lanzó un dardo, la hirió «con su punzón de luz» (El dardo) y le dejó un regalo de amor y entendimiento. Los placeres del conocimiento son placeres que los poetas y los sabios conocen bien. Aún más si son poetas y sabios. Ese ángel es de los que «Te despiertan con la gota fresca / de su delicadeza entre los labios», pero siguen ocultándose en lo invisible. Con fina ironía la poeta aconseja: «Si alguna vez te ocurre, / pon en la estancia un ramo de azucenas / los ángeles, a veces, estornudan / y es cuando los reflejan los espejos» (Hay ángeles). El ángel que viene y va, que se esconde y se manifiesta, el ángel que se pone y nos pone a salvo, que se guarece y nos guarece es, con palabras de José Ángel Valente, *El ángel de la creación*, la inspiración poética, la poesía misma, esa que Celia Camarero encuentra en los árboles, en los pájaros, en los riachuelos, en la música, con los que su alma alcanza armónicos perfectos.

Si el libro comenzaba con una llamada a contemplar en silencio, el poema final resulta ser una llamada al canto. Un canto que no admite ni ruidos ni ropajes, porque

> Eres como el gorrión en una rama:
> no has de temer al sol ni al desamparo
> sino cantar desnudo.

Sin duda esta desnudez se mostrará en el poema de formas diversas: una andadura serena, una adjetivación sobria, una imaginería precisa, unos ecos de autores incorporados al propio sustrato cultural. Al lector le corresponde dejar que los versos de Celia Camarero resuenen en su corazón como han resonado en el mío. Y, después, que vea si no es verdad que en ellos está impresa la huella del ángel.

Mercedes Marcos Sánchez
Salamanca, mayo de 2025

I

No eres orgulloso, no levantas el vuelo,
no extiendes tus dos alas sobre el oro y los dogmas,
la sangre y las hazañas de la ciudad antigua.
Acaso sólo estás atento a esa música humilde
de cigarras y de grillos.

ANTONIO COLINAS. *Tiempo y abismo*

Los bueyes y los caballos tienen cuatro patas: a esto llamo Cielo.
Poner el cabestro al caballo, perforar las narices al buey: a esto
llamo lo humano. Por esta razón, digo: asegúrate de que lo
humano no destruya el Cielo dentro de ti, asegúrate de que tus
intenciones no destruyan lo celestial.

GIORGIO AGAMBEN. *Cuando la casa se quema*

Punto de partida

Contemplar en silencio
        —atento a cada mínimo suceso—
una brizna que crece sin que oigamos
su infinito rumor,
el verde que rutila hasta que agosta.
Empezar por ahí.

Un amor otro

La tensión membranosa de un deseo
rival de la nostalgia
coqueteaba al sol aquella tarde.
Nunca las madreselvas fueron ácidas
      —me alertó alguna lumbre—.
Dos torsos. Parecían sostenerse
en la precariedad de la dulzura
que exhalaba la flor,
en su amarillo encaje con la hiedra.
Dos plantas. Dos maneras de trepar por el muro.
Dos modos de enredarse.
Quise ceder, dejar
que hilvanaras las hebras últimas del amor,
adornar mi cabello con guirnaldas
como novia que ansía
proclamar lo que el himen desmiente.
Ceder sin más. No pronunciar tu nombre.
Aquello era distinto de pronunciar un nombre,
pertenecía a la fruición,
al ambiguo desgaire de los cuerpos.

Cerré los ojos y, sin pretenderlo,
me alejé de ti por un instante.
De improviso sentí una extraña música
de alas imbatibles
      —su belleza
      desbarataba el canto de los pájaros—.
Escuché consonancias
con el paisaje, con la pulsión de ser,
de celebrar la verticalidad
de una dimensión otra.

Abrí los ojos. Me detuve. Sé
que nunca lo entendiste.
Estaba siendo profundamente amada.
Ya no cabías tú, sin nombre, tú,
tan lejos de mi alma, en aquel cielo.

Sentí el vuelo de un ángel. No sé más.

EL DARDO

Llegó del dardo un silencio distinto
de otros muchos silencios.
No esperaba que sesgara el aire
para instalarse dulce en mis oídos
ni que, ordenadamente, atravesara todas
las capas de mi piel,
supiera hender el centro con su punzón de luz.
Susurró tales cosas,
tales delicias nuevas cuando, en vuelo,
con su aguijón de estambres me hubo herido,
que abrió mi entendimiento como un pájaro
despliega al sol sus alas
o desmaya sus pétalos un lirio.
Nunca he sido más libre
ni abandonado así mi voluntad.

Un soplo

¿Fue quizás un amor, una vibrante
sinfonía de actinias submarinas
o el hueso de una rama castigada
por el silbo del ábrego en otoño
lo que pudo escribir aquel poema?
Si así fue, recoge los racimos
de los días de vino y de lectura,
corta los tallos
a la pasión crecida. Poda, tala,
mira extenderse el yermo.
Observa, sé testigo
de las pequeñas cosas
y déjalas estar. No inflijas daño
a lo que se disipa.
Aunque halles
hondura en que adentrarte,
intemperie
para tu desnudez,
si no estás malherido, si no sangras,
si no hay nombres, y rostros, y jirones,
y andrajos, y estupor,
si no hay asombro, y briznas de alegría
y muchas lágrimas desbordándolo todo,
mejor calla.
Y si debes cantar porque no sabes
qué hay o qué no hay,
pero te abrasa un fuego,
aprende a bien morir para ser voz
cuando te quede un soplo.

LO SENCILLO

Y tienes algo que decir. Lo sabes
porque te bulle dentro,
como inquieta la ardilla se resguarda
en el tronco del árbol
perfumándose el cuerpo con resina.
Solo puedes sellar tu pertenencia
al corazón del bosque,
golpear las palabras con el ritmo
del ave carpintera
y adentrarte en su música.
Allí es donde acontece lo sencillo:
agua, piedra, ranúnculo, corriente,
carrizo, matorral, la luz filtrada
entre el haz y el envés que ofrece el fresno
al paso y al oído,
el sentido profundo del descanso.
Y tienes algo que decir y es leve
como el brazo del río en el talón,
la mañana de junio o la sospecha
de que lo santo no tiene otra forma
que la de lo apacible.

ME NIEGO A LA CORDURA

Habito en el pudor de la estameña
desde que me venció la poesía,
su humilde ministerio: descalzar
los signos del amor en cada cosa.
Sé que el poema pasa. Se detiene
su aura iridiscente por un rato
sobre aquello que toca y reconoce.
Calla y espera. No desaparece
su núcleo embriagador ni su perfume,
pero el poema sí. Pasa. Después
se reencarna en otro, en uno más
para seguir cantando *ad infinitum*
el ciclo inalienable de la vida.
Como lo sé, me niego a la cordura,
al secreto deseo de la muerte
que oculta el ordenado presentarse
ante el mundo con su sintaxis lógica.
Elijo los caminos donde asaltan
dragones y centauros, los carnales
dominios del espíritu. Prefiero
conformar los fantasmas que imagino
en forma de escritura primorosa
y agradezco estar loco cada día.
Me sacia la placenta que en lo alto
del cielo se regala azul y púrpura
o, bajo el humus, nutre los revenos
que han de brotar del árbol milenario.
Testigo soy, tan solo, del milagro
de cada amanecer, de su esperanza,
y afirmo, sin rubor, esta verdad:
los poemas no existen, se proponen

como una religión, son la materia
de la libertad misma, de su larga
conquista en la intrahistoria que nos une.
La poesía es cosa del aliento;
nos desnuda y, alguna vez, nos muestra
la guarida del ángel.

INTERSECCIÓN

... but to apprehend
The point of intersection of the timeless
With time, is an occupation for the saint ...

T. S. ELIOT. *The Dry Salvages*

Aceptar lo precario como un don,
la fragilidad como segura
condición de lo bello,
otra forma de decir el punto
de intersección del tiempo
con la eternidad,
el éxtasis del místico
como prueba y primicia.

Al poeta le queda
un monte que subir y, sin embargo,
¿acaso puede el santo
soslayar el oficio de poeta?

Lenguaje soy

Nada cabe decir a este silencio,
pues podría saltar en mil pedazos,
hacerse estruendo de cristales rotos.
Mas cómo hablarlo sin rozar su cúpula
ni manchar su quietud.
Lenguaje soy hasta cuando enmudezco.
Lenguaje, cuando al dolor escribo
ramblas para que fluya,
cuando callo y construyo
pared con lo que calla.
Lenguaje soy para abrevar la música,
y sus silencios todos
y su pulso.

Porque la voz es cuerpo

Porque la voz es cuerpo y pertenece
a lo mirífico, a lo balbuciente.
Porque ha de pronunciar lo que le asombra:
lirio, fulguración, raíz, poema.
Porque se hace concreta e inasible
como el aliento de una melodía.
Porque tiene el grosor de la aventura
y orbita libremente con los astros,
amo tu voz igual que amo la música.
Amo tu voz porque me reconoce
y yo la reconozco, y es bastante.

Si yo pudiera

Si yo pudiera ser esta tormenta
que ha enmarañado el cielo del solsticio
con carboncillos broncos y con cárdenas sombras,
pero también con crestas amarillas
que se rinden al sol entre los truenos.
Si yo tuviera todo ese poder,
esa belleza de la contradicción,
esa voz impetuosa.
Si en mí cupiera el agua como cabe en los cúmulos
o la electricidad de lo que vuelve
sobre lo que está muerto y lo revive.
Si fuera yo un meteoro
que se forma del pecho del verano
y cae sobre la tarde refrescándola,
¿habría de importarme
este dolor a seco que comienza en la espiga?
Pero apenas soy tallo. Ya me doblo
por el peso granado de mis días
y no tengo más voz
que la que arrancan, con pasión, los pájaros
cuando muerden mi gluma.
Valgo lo que la flor de una gramínea
en el pico de un ave:
polvo de harina blanca para el pan de los pobres.

La pincarrasca

…in der wintrigen Schonung
spricht eine Kiefer sich frei.
Paul Celan. *Fadensonnen*

Creo que soy como una pincarrasca
que conserva las hojas en invierno
y luce un viejo orgullo en el pinar.
Pertenezco
        —y me pesa—
a ese tipo de árboles
que no saben ceder a la estación.
Debería charlar con mi raíz,
proponerle cambiar por pies de barro
ese modo de agarrarse al suelo,
invitarla a recorrer el bosque,
a rendirse a la luz caducifolia
de los arces y de los abedules.
Ellos saben del hueso y de la umbría.
Yo, en cambio, me defiendo
con agujas que se hunden en los ojos.

A SALVO

Cuándo podré decir: ¡Estoy a salvo!
Esa es la punta del secreto,
el pequeño aguijón que reconcome,
día tras día, rutinas enquistadas,
miedos que son de todos.
Hay algunas respuestas:
la primera, comienza en un bosque
como los cuentos que nos leen en la infancia.
Tiene que ver con aprender el nombre,
también la especie, de árboles cercanos
   —los que cría la tierra
    en que ponemos nuestro domicilio
    o el nómada descansa—.
A eso hay que añadir
un estudio exhaustivo de las costumbres
de los estorninos
    —que son gregarios y bullangueros—
o, en su defecto, de otras aves de paso,
de animales que saltan de mayores
y maman de pequeños.
Otra respuesta comienza en la hendidura
de una ignorancia docta y cautelosa
que es hontanar de la sabiduría.
Exige detenerse, callar, mirar…,
nos pone a la cola con los que esperan.
Algunos eremitas han llegado a pensarla
deshabitada
a causa de la diástole asombrosa
de un dios que vivía en el lenguaje.
Recomiendan leer libros antiguos
que apoyan su argumento.

Por último, hay santos
que responden con las llagas del Cristo.
Las ven en cada hombre.
Las vendan con liturgias y hojas de filodendro.
Entre ellos, los llamados mártires
las enjugan con carne de su carne
aunque pierdan la vida.
Son respuestas hermosas, no concluyentes.
Estar a salvo significa, acaso,
arriesgarse a elegir desde el amor
y sin angustia
      —sin dejarse vencer
        por la certeza extraña de la muerte—
abrir un gran paréntesis para los prodigios
y hacerse más preguntas.

LA SOLEDAD DE JOB

…y aunque sea ceniza lo proclamo:
ceniza.

JOSÉ ÁNGEL VALENTE. *A modo de esperanza*

Trazas un círculo, con sudor de tu frente,
por mantener a salvo códices, almidones,
torres, sacos de azúcar, los hijos de tus hijos.
Tal vez grabas en piedra la base de una bóveda
cóncava, como los gestos del amor,
proteges tu intemperie de los días peores,
haces oídos sordos, acallas los gemidos
de las constelaciones más distantes,
pero todo es absurdo
cuando despiertas con la piel llagada
o te haces piel de circunstancia ajena
que hiere como propia.
Te equivocas. Te equivocas siempre
que intentas levantarle mausoleos
al dolor, porque es pobre,
porque es inevitable,
porque regresa al polvo y se hace polvo
en aras de ceniza
       —la soledad de Job, la dignidad
       postrada ante el consuelo de haber sido—.
Así echen raíces los tentáculos
que ahora te amenazan,
hinca en tierra tu vil entendimiento
y agradece tu vida hasta las heces.
No reclames a Dios
que hable de nuevo desde la tormenta.

Variación sobre un poema
de Denise Levertov

Ah, Grief, I should not treat you
Like a homeless dog
Who comes to the back door
For a crust, for a meatless bone
I should trust you.

Denise Levertov. *Live in the forest*

¿Confiar en que duele por algo y para bien?
El reto más difícil de la vida.
El más incomprensible. Un puro absurdo.
Cuánto mejor pensar en un perro sarnoso
al que quisiera dar una patada y echarlo del jardín.
¿Qué haces ahí, dolor, si nadie te ha llamado?
¿Qué haces ladrando al lado de mi puerta,
sembrando pulgas junto a los rosales?
¿Qué haces que no te vas, aunque coja la escoba,
que roes el cepillo con el ansia de un hueso?
Empiezo a sospechar que vivías aquí
mucho antes que yo misma,
antes de que el parterre soñase con las malvas
exuberantes del árbol de Júpiter,
antes de que supiera que el nombre de ese dios
quiere decir *el padre de la luz.*
Dime al menos, dolor, que ya eres viejo,
que no durarás mucho.
Yo dejaré unas mantas para que te acomodes
en las noches de escarcha,
rizaré tu cogote con mis dedos
hasta hacer sortijillas y acostumbrarme a ti,
pequeño vagabundo cuyo lenguaje ignoro.

El sueño del artista

Junto a un piano he vivido siempre.
Lo extraño ha sido el sueño de esta noche.
Persistencia de la memoria, o no,
la majestad oscura de su imponente caja se hizo aceite.
Se derritió el piano, como uno de esos relojes de Dalí,
mientras caía mi cuerpo
mezclado con el cuerpo de melaza
que, poco atrás, fue catedral de música.
No había una marina,
ni hormigas perturbando la tersura del ébano,
ni gran masturbador,
ni marfil en la boca,
ni una rama huesuda para tender la tela
ya tenue, ya fundida,
apenas geométrica de su viejo teclado.
Mas quedaba dulzura de mi cuerpo en su cuerpo
desperezando hebras de caramelo líquido
a modo de nocturno.
El ritmo transcurría como a cámara lenta,
templado, a la búsqueda de un recuerdo impreciso.
Algo se iba ablandando,
algo se disolvía en lasitud.
El signo era fluir,
sanar con óleo la forma y la armonía.
Cuánto deseé amar licuada en el almizcle
hasta inflamar lo turbio
con la verdad del arte como excusa.
Cuánto tardé en saber
lo poco que valía mi pretexto:
amar desde la trampa de lo bello
creado por el hombre

es tan difícil como rebozarse
en la sensualidad y salir puro.
Cuánto añoré ser árbol,
ofrecer sombra, mantenerme erguida.

Cobijo

Quien no lee palabras no sabe leer árboles
pero, al revés, también:
los árboles se leen para inspirar palabras.
Ahora dime qué sombra es la más fresca
y no la olvides nunca.
Que ella te acaricie en los momentos
en que te falte el aire, que cobije
tus asombros más puros
y tus libros.

Entender a Mozart

Ce mortel est rafraîchissant. Comme Mozart. Tout à fait comme Mozart.
CHRISTIAN BOBIN. *Mozart et la pluie*

Recuerdo que era entonces estudiante de música
y adolescente. Yo no entendía a Mozart.
La primacía de la forma, la frase
tan deliciosamente construida, el disfrute
de la tonalidad en tensión pura,
sin doblez, sin atisbo
ni siquiera lejano de alguna decadencia.
Previsible en extremo como la redondez de lo redondo,
la albura de lo blanco,
la ligereza de lo que es ligero y no se hace preguntas,
yo no entendía a Mozart,
aunque sí presumía nobleza en sus enredos
que siempre regresaban,
que nunca se perdían allende de un destino
carente de sentido.
Todo cerraba bien, todo volvía
a su lugar de origen.
Me parecía un niño jugando con la luna
pero, a la postre, un niño.
Me parecía un mago que sacaba conejos
de su chistera, palomas
agitando las alas
porque no conocían libertad sino manos,
prestidigitación como garante
de una tiranía en la que nada
podría desplazarse de su sitio.

Fui madurando el gusto;
aun así, yo no entendía a Mozart, ni diré
que he llegado a entenderlo.
Algo intuyo, ¿qué muestra
una evidencia oculta
mientras brilla delante de los ojos?
¿Qué es la claridad sino misterio?

A UN JOVEN PIANISTA

El modo en que la luz se distribuye
de acuerdo con las nubes.
La manera de amarse de las tórtolas.
Cómo destilan música las manos
que conocen del agua los reflejos.
El brillo de tus ojos cuando aprenden
a domar la belleza
que te hiere en la nuez y se hace un nudo.
Si acertara a mostrarte de estas cosas
su valor, si llegas a entenderlo,
comprenderás también, por qué tocar
el piano no es solo dominarlo,
ni empieza en el umbral del virtuosismo,
ni desemboca en el aplauso hueco.
Cualquier actividad de los oídos,
o de los ojos, lo es del corazón.
Cualquier trabajo hecho con las manos
es como amasar pan.
Tu arte es tan humilde como atento,
consiste solo en escuchar. Despúes,
dinos lo que has oído
con vocación de arroyo en primavera.

CONSONANCIAS

Respiro la armonía
cuando resuena en ti, como en el sándalo,
el salterio tañido por mis dedos
que la música nutre.
Ven y multipliquemos. Hagamos malabares
con la fragilidad de los sentidos,
con los significados,
con las cuerdas tensadas.
Que vuelen, que se extiendan
tan libres como puedan,
que hallen lugar y hogar entre la lumbre
viva de la imaginación.
Sea ella su último destino.
¿Hace falta decir dónde el perfume
a punto de abrazar el cuerpo amado?
El verso que ahora escribo, que custodias
          —*sancta sanctorum*, reminiscencia, útero—
desde la oscuridad de los orígenes,
¿hace falta explicarlo?
Déjame resonar en lo profundo
de tu desvelo y ven.
Ven y multipliquemos acordes, consonancias.
Si me falta tu oído, languidecen las cítaras.

II

Sea imprecisa nuestra visión del mundo
y, ya que estamos más o menos vivos,
amémonos aproximadamente.

JAVIER VELAZA. *Las ignorancias*

Es cosa del lenguaje

Suturar piel con piel la absurda idea
de percibirnos solos
es cosa del lenguaje y de sus goznes.
Porque lo que acaricia la palabra,
lo que la voz habita y es ungido
por su timbre desnudo,
toma la dimensión de lo tangible.
Es un largo trayecto el de las sílabas
hasta el alma del otro,
un trascender el tiempo y la distancia
que solo la ternura justifica,
un viaje de paisajes interiores
donde el árbol es sueño
y el pájaro, un alígero
compendio de esperanzas.
Mas hay certeza acompañando suave,
tenazmente la labor del viento
por hacerse entender. Y es que la herida
nos alcanza a todos.

CARTESIANO

Algunos días, creo
en el genio maligno de Descartes.
Nos engaña, provoca los malentendidos.
Un personaje bruto. Hasta me hace temer
que mis versos detengan el tiempo entre mazorcas
sin desgranar, tan prietas
que a nadie agrade roer sus granos,
llegar al corazón.
Descartes urdió un modo
de explicar que algo tiene que haber:
un suelo, una evidencia.
Lo llamó pensamiento. Yo lo llamo poema.
Él confió en sí mismo. Yo, en ti, que ahora lees.
Si muerdes mi semilla no hallarás hueso duro,
pues mi centro es de carne.
Escribo, luego existes.

Unidad

¿Quién puede pronunciar un número que abrace,
un pronombre que fondee en los ojos,
un nombre que reconozcas ya parte de ti,
historia de tu historia,
presente del tuyo?
Leo a Erri de Luca:
> *Quando saremo due, nessuno sarà uno,*
> *uno sarà l'uguale di nessuno*
> *e l'unità consisterà nel due.*

El dos conserva intacta la dinámica
indivisible del encuentro,
los silencios de tinta, la lectura,
la razón de escribir.
El dos es la aventura del lenguaje,
el mestizaje eterno del amor.
¿Por qué es tan dolorosa su cisura?
¿Por qué nos refugiamos en nuestra soledad
si apenas nos sostiene la extrañeza de un tú?
Aunque muramos solos.
Aunque la herida sea intransferible.
Aunque la línea angosta de lo fronterizo nos aterre.
Aunque nos paralice la idea de perder la identidad.
Aunque del otro no sepamos nada,
no se puede vivir sin mezcla, sin poesía,
sin música, sin palabras que compartir,
sin hacer pan para vender,
sin un codazo que te dice: ¡Mira!,
o una mirada que insinúa: ¿Sabes?
La redonda, la cálida
complicidad del sol nos interpela
hasta el último aliento de la tarde.
El dos es unidad.
Rompe lo uno y advendrá la noche.

LA NOCHE

La noche es un papel para las cuentas
de las constelaciones, el testigo
permanente de los ajustes cósmicos.
La noche es un misterio. Ni los cuerpos
siquiera la descifran en sus calmos
orígenes cuando aman desnudos.
La noche no es del sueño, es de la prisa
por terminar, del ámbito preciso
en que lo oculto acecha y se retiene.
La noche: ni nocturno, ni *berceuse*
ni siquiera ese *blues* almibarado
que conjura el desgarro o la nostalgia.
Sencillamente desolada, oscura,
sin música de fondo, sin combate
frente al amanecer cuando la engulle,
la noche es tiempo puro, es conciencia
de la luz fracasada, del deseo
haciéndose nutricio y codicioso.
La noche es desvarío, profecía
de una sombra sin lechos de alhelíes
para que los amantes se recobren.
La noche es de la muerte.

Canción de cuna

Cierra los ojos, ciérralos.
No intentes distinguir
sino la voz que guía en este instante
el vuelo de un vilano,
la helicoidal caída de la sámara
o el ingrávido modo
en que nos acarician las palabras.
Busca un espacio azul, pero en tus párpados
ignorantes del mundo.
Confía tu descanso a la cadencia lenta
con que las hojas caen
cuando el verano intenta resistirse,
todavía otro poco,
al dictado violento de la dana
que preludia los cambios de estación.
Duerme, que yo sé bien que estás despierto,
que tu lámpara tiembla siempre en vela,
aun cuando te abandonas
al sosiego vital, al desengaño
de las trampas del día.
Deja que el ulular de la lechuza se aleje
y que vengan los ciervos
a lamer en secreto tus sandalias
sin que puedas sentirlo, sin que mañana sepas
quién sostuvo el silencio
hasta que despertaste con la alondra.

Solo por eso

…seguimos aferrados al milagro,
a la ciega esperanza del sosiego
y a la terca ambición de la unidad.

Francisca Aguirre. *La herida absurda*

Porque nos aferramos al milagro,
y a la unidad,
y al uso vivo de lenguajes muertos,
y al sol de mayo, y a la flor de octubre
y roemos palabras escondidas
hasta encontrar su semilla más ardua
todavía más dentro.
Porque el humo nos signa, y sus señales,
como en un rito casi prehistórico
y de cualquier manera, prelingüístico.
Porque somos garganta en sus tremendas,
en sus casi abisales acepciones,
estrechura, cañón para los ríos.
Porque ahí nos movemos,
en el ámbito mínimo
de un hilillo de agua entre canchales.
Solo por eso,
he venido a escarbar una nana en la roca
para que duermas tranquilo esta noche,
para que escuches música
cuando caigas rendido
en la piedra lamida del silencio.

LUZ DE SEPTIEMBRE

Esta luz de septiembre,
con la que llevo versos y días
compartidos,
es bella hasta los mínimos
caprichos de las nubes.
Hoy mismo: una neblina,
de escasa densidad
y de tonos violáceos,
ha sorprendido el choque
de mi vieja persiana
con el amanecer.
Es en esos momentos
cuando quieres decir:
¡Mira qué hermoso!
y te das cuenta
de tu soledad.
Visto, además, que soy
más bien horrible
jugando con la cámara
del móvil, agradezco
al lenguaje su dúctil
condición, su compasiva
generosidad.
Tú siempre estás conmigo
en el poema.

DEJA CORRER EL AGUA

El corazón del mundo
no late solamente en la tormenta,
palpita en la hendidura
que enhebra el filamento de un regato.
No te entristezcas más,
abre los ojos para mirar la vida.
Deja correr el agua,
dime que has aprendido a ser amado.

Un sitio para ti

La primera señal es estar vivo.
No resuelve el enigma, lo provoca.
Ya se trate de un escarabajo
o de un pececillo fluorescente,
una micra viviente en lo diverso
es la mayor pregunta.
Si lo pienso antes de mirarte
erguido frente a mí, ¿cómo podría
decir que necesito conocer para amar?
Afirmo lo contrario: solo se ama
lo más desconocido, lo más otro,
lo más incomparable con tu pequeño yo.
Te amo
porque nada de ti puedo saber.
Eso me hace
tan dolorosamente responsable
de tu cuidado, que ponerte un nombre
es casi una expresión de la violencia.
Así pues, ve sin nombre, déjame
solo reconocerte,
solo guardar un sitio para ti.

YA SÉ

Ya sé que corre sangre por mis venas
y sé que la experiencia del amor
no puede cambiar eso,
pero me informa de tu piel caliente.
Ya sé que corre sangre por tus venas.
Ahora ya lo sé.
Significa pensar
el músculo rubí que nos promueve,
como el común intento de los ríos
por regarnos la punta de los dedos.
Tocar entonces, con las yemas tibias,
los cauces interiores, la extrañeza
profunda de los tallos
recorriendo otro cuerpo, otra verdad.
Ya sé que tú eres árbol.
Ya sé que yo soy árbol.
Ya sé
    —ahora lo sé—
          que estás expuesto
a la extrema impudicia del otoño.

Nostalgia

Está la tarde luminosa y suave,
el otoño en su centro
plenamente dorado y apacible
aquí, ahora. La vida así, benigna
y soleada, acepta la nostalgia
como un regalo. Puedes cerrar los ojos
y volver a la infancia,
reconocer al niño que te habita,
que no ha dejado de habitarte nunca
aunque, a veces, se esconda y solo mire
de soslayo, por si no lo comprenden.
Pero está ahí, jugando con el agua
y la alegría, brincando como un corzo
que tiene sed de más
vivirlo todo, de ser hombre.
Uno es viejo cuando ese niño huye
definitivamente. Nunca antes.

Hablo de una victoria

Lo íntimo es el mundo. Con su callado oxígeno
sofoca sin remedio la voz que quiere hablar...

Antonio Cabrera. *En la estación perpetua*

Lo íntimo es el mundo
    —dice Antonio Cabrera
    cuando enmudece al ver todas las cosas
    brillando en su existir—.
Y qué verdad tan dolorosa y nítida,
porque eso es el amor, enmudecer
para que todo alumbre.
En el mismo sentido, lo íntimo es la luz,
alteridad
que buscamos adentro, como guía
que nos defienda rauda
de cualquier soledad inoportuna,
del dominio enfermizo de la noche.
Lo que nos enmudece, lo intangible
que transparenta el mundo en su belleza,
es la luz, su misterio.
Custodiarla en lo abierto,
soñar con que penetre en los cuerpos opacos
y los transforme en lámparas,
sería trascender todos los límites.
Pero hemos de intentarlo:
hablo de una victoria
que ya nos anticipan las luciérnagas.

Hay ángeles

Hay ángeles amigos del rocío
muy hacendosos, muy madrugadores.
Te despiertan con la gota fresca
de su delicadeza entre los labios.
Al tragarla, te llenas
de su sabor dulcísimo
y un pudor infinito, humilde, suave
te reconcilia al punto con la vida.
—No lo merezco —piensas—.
Pero antes de que puedas pronunciar
una sola palabra,
ocurre que el amor ya te sostiene
en el silencio del agradecimiento.
No entiendes el milagro.
Naces al día con el sol en la frente
y ni siquiera sabes cómo ha sido.
  Si alguna vez te ocurre,
   pon en la estancia un ramo de azucenas:
   los ángeles, a veces, estornudan
   y es cuando los reflejan los espejos.

EL BIEN

Esa concreta y tierna dulcedumbre
viene con santo y seña, lleva firma
de otra vida que se hace vida propia.
Es forma misteriosa de los cuerpos,
la más bella y serena, la que queda
como poso de luz en lo escondido
de nuestro corazón. Allí se instala
con gestos que se vuelven familiares,
con pequeñas costumbres deliciosas,
con píldoras de aliento que nos cambian
poco a poco y curan la angostura.
Alumbra con calor, con cercanía,
con cosas que se quedan entre dos,
pero se abren a todos en silencio.
Se hace paquete y lazo, bagatela
aparente que nos cuesta muy poco,
cuya dificultad es la constancia.
Su esencia es circular, pues necesita
del tú, como el azúcar de lo amargo
para tener sentido. Es el café
temprano y la fruta a deshora,
la leche con cacao antes del sueño,
lo que nos da certeza y nos protege.
Se presenta sin ruido, de improviso,
sin anuncio ni excusa que lo avale;
y tiene nombre, y rostro, y conocemos
su voz y sus maneras delicadas.
Es libre, pero sigue a nuestro lado.
El bien es la estructura del amor.

DE QUE EL AMOR NO TEME

… porque el temor tiene que ver con el castigo;
quien no teme no ha llegado a la plenitud en el amor.

I Jn 4, 18

De que el amor no teme, si es amor
que ya ha aprendido a amar,
puedes estar seguro, pues la bondad lo guía.
Solo quien libre ama
ya no mira a los lados, ya no piensa
qué hacer, como la aurora
no se pregunta por la noche
cuando radiante y clara la disipa.
No es miedoso el amor, porque no puede
el abrazo mentir cuando se estrecha
el latido del otro contra el propio latido.
Quien ama se confía, se dispone
como la tierra que se deja arar.
Quien ama dará fruto.
Pero quien no ha sentido respirar a su lado
dormida, enferma, frágil
la dulce carne de su propia carne,
¿podrá entender que un dios esté tan loco
como para nacer en este mundo,
o mirar a los ojos que le miran,
o avanzar o ser bueno?

Confiar

Yo creo en los incendios.
Todos nos purifican, todos saben
guardar bajo rescoldo la semilla
de otra devastación. ¿Y qué sería
de nosotros sin las devastaciones?
Morir para vivir, esa dinámica
de lo que resucita, acompaña
la seriedad del tiempo
en un ritual diario y silencioso
al que muy pocos prestan atención.
Pero ahí está, vivificando piedras,
levantando jardines donde el yermo
parecía imponerse. Dolor
y soledad de una renovación
que ha de encararlo todo con la fe
de los niños: *atravesar paredes*
—dice Tomas Tranströmer—. Comprender
la infinita distancia entre saber vivir
o dejarse enterrar por los aludes
de la mediocridad. Obedecer,
que es también serenar el corazón
al contemplar la vida. Escuchar
cierto rumor de Dios que nos empuja
al deber de los márgenes
a pesar de los riesgos:
prudencia de serpiente, sencillez
de paloma —dice Jesús—. Los pájaros,
los lirios hienden el evangelio,
pero es difícil permitir al Cielo
que cuide de nosotros.

Cuánto necesitamos
no pervertir lo bello con el ruido
del mundo, con lo convencional.
Cuánto necesitamos
no manchar la bondad con las razones
del árbol de la ciencia.
Cuánto necesitamos confiar
cuando sufrimos, pero cuánto más
cuando somos felices.

MÁS HUMANO

Conocerás galeras donde avance
la esclavitud con su disfraz de alerce.
Distinguirlas de esas embarcaciones
ligeras
en las que los cuerpos se inclinan
a ras del agua,
a favor del viento,
pertenece a la audacia de vivir.
Aunque elijas el arte del contrapeso leve,
el riesgo y su alegría,
la libertad de la bondad; aunque
decidas, dócil a la brisa,
volar sobre la estela de las gaviotas,
puede ocurrir que nada de eso
te haga más feliz,
pero es seguro que te hará más humano.
Créeme, debería bastarte.

MEDITAR

Escucho en una rara conferencia
     —debería decir excepcional—
algo que me consuela y pone un dulce
contrapunto al día, tan prosaico:
no es vaciar la mente meditar.
Meditari es enhebrar el hilo en una aguja fina,
es repetir atento a la puntada
     —con voz queda, pero con voz audible—
la música que guardan las palabras.
Masticar su sentido, conocer
su dimensión raíz, su pertenencia,
acariciarlas, degustarlas vivas
tal como nos asaltan, abisales.
Paladear un texto en su más honda
presencia siempre ha sido
un ejercicio de sabiduría,
un modo occidental, mediterráneo,
de comprender el mundo. Lo defiendo,
como defiendo entregadamente
que el amor se nos dona por escrito
o que no hay que elidir lo que nos duele.
Cuánto mejor seguir entre las filas
de los poetas que de los gurús.

Un amigo, poeta, manda fotos de Venecia

Callejas como simas verticales
para escalar en clave de nocturno,
reflejos entre postes de madera
que esperan el abrazo de las góndolas,
puentecillos que cruzan la angostura,
relieves al amparo del ladrillo
y esas blancas iglesias, como musas
erguidas en un sueño sobre el mar.
Me descubres Venecia mientras hablas
del milagro que es haber nacido,
de la respiración, de la nostalgia
de Dios ante la vista de lo bello.
Guarda bien tanta dicha. Vendrán días
en que tan solo puedas recordarla.
Cuando eso ocurra, piensa
cómo multiplicaste la ciudad,
alimentaste a otros con tu sed,
diste ojos a los que estaban lejos.
Agradece tu alma de poeta.
Que no te la arrebaten los despachos,
las aulas, los sagaces
discursos del deber. Sigue cantando
la intemperie del mundo, la inocencia
desnuda del amor, la cercanía
a la realidad. Ese es tu don.
Ahí, tu paz, tu bien.
Ibi Deus absconditus —recuerda—.

Cantar desnudo

Y no debe pesarte,
que es liviano vivir, por más que duela
soportar el fracaso
o enfrentar la emboscada de la muerte.
Eres como el gorrión en una rama:
no has de temer al sol ni al desamparo
sino cantar desnudo.

ÍNDICE